무량공덕20   무비스님 편저

수보살계법서

 권하는 글

독송(讀誦) 공덕문(功德文)

부처님은 범인(凡人)이 흉내 낼 수 없는 피나는 정진(精進)을 통해 큰 깨달음을 이루신 인류의 큰 스승이십니다. 그 깨달음으로 삶과 존재의 실상(實相)을 바르게 꿰뚫어 보시고 의미 있고 보람된 삶에 대하여 가르치셨습니다.

부처님의 가르침을 전하는 사람을 법사(法師)라고 하는데, 법화경(法華經) 법사품(法師品)에는 다섯 가지 법사에 대하여 설파하고 있습니다.

그 첫째는 경전을 지니고 다니는 사람, 둘째는 경전을 읽는 사람, 셋째는 경전을 외우는 사람, 넷째는 경전을 해설하는 사람, 다섯째는 경전을 사경하는 사람입니다. 이 중 한 가지만 하더라도 훌륭한 법사이며, "법사의 길을 행하는 사람은 부처님의 장엄(莊嚴)으로 장엄한 사람이며, 부처

님께서 두 어깨로 업어주는 사람이다." 라고 말씀하고 있으니 세상을 살아가면서 이보다 더 큰 보람과 영광이 어디에 있겠습니까?

이번에 제작된 〈무량공덕 독송본〉은 항상 지니고 다니면서 읽고 베껴 쓸 수 있는 경전입니다. 부디 많은 분들이 이 인연 공덕에 함께 하시어 큰깨달음 이루시고 행복하시기를 기원합니다.

독송공덕수승행 무변승복개회향
讀誦功德殊勝行 無邊勝福皆廻向(독송한 그 공덕 수승하여라, 가없는 그 공덕 모두 회향하여)

보원침익제유정 속왕무량광불찰
普願沈溺諸有情 速往無量光佛刹(이 세상 모든 사람 모든 생명, 한량없는 복된 삶 누려지이다.)

불기2549(2005)년 여름안거
금정산 범어사 如天 無比 합장

수보살계법서
受菩薩戒法序

一、보살계의 바른 뜻

상부보살계자는 건천성지지며 생만선지기라
詳夫菩薩戒者 建千聖之地 生萬善之基

개감로문하야 입보리로니라
開甘露門 入菩提路

범망경운 중생수불계하면 즉입제불위라하니라
梵網經云 衆生受佛戒 卽入諸佛位

욕지불계자인댄 단시중생심이요 갱무별법이니라
欲知佛戒者 但是衆生心 更無別法

二、삼보와 조사서래의

이각자심고로 **명위불**이요
以覺自心故 名爲佛

이가궤지고로 **명위법**이요
以可軌持故 名爲法

이심성화합불이고로 **명위승**이요
以心性和合不二故 名爲僧

이심성원정고로 **명위계**요
以心性圓淨故 名爲戒

이심성이조고로 **명위반야**요
以寂而照故 名爲般若

이심본적멸고로 **명위열반**이니라
以心本寂滅故 名爲涅槃

차시여래최상지승이며 **조사서래지**라
此是如來最上之乘 祖師西來之意

문자다생차장하고 **견자함기호**의는 **이구심복**박고라 **시맹자불견**이요 **비일월구**니라
聞者多生遮障 見者咸起狐疑 以垢深福薄故 是盲者不見 非日月咎

三、참다운 불모

약유지심하면 **수자문자**가 **법리무변**하야
若有志心 受者聞者 法利無邊

칠변찬지막궁이며
七辯贊之莫窮

천성앙지무제니 **가위진불지모**라
千聖仰之無際　可謂眞佛之母

생제도사며 **묘약지왕**이라 **능치중병**이라
生諸導師　妙藥之王　能治衆病

입도지요가 **미월어사**의니라
入道之要　靡越於斯矣

四、여래의 행업

노사나불이 **설십지법문**하사
盧舍那佛　說十地法門

운보살지률의 하시며 입여래지행업하니
運菩薩之律儀　　　　　立如來之行業

항사계품이 원삼취이통수로다
恒沙戒品　　圓三聚而統收

만행인문이 유일념이구족이라
萬行因門　　唯一念而具足

오위대사가 막불뢰차인원하며
五位大士　　莫不賴此因圓

십찰보왕이 무불유자과만이로다
十刹寶王　　無不由玆果滿

금자욕홍대사나 난칭시기라
今者欲弘大事　難稱時機

약증숙종일승하니는 방내능생신해어니와
若曾宿種一乘 方乃能生信解

정집지자는 하이결의리오
情執之者 何以決疑

수진문답지유하야 이거사외지장하리라
須陳問答之由 以祛邪外之障

五、문수 보현 그리고 부처님

문 부보살계자는 내문수보현지주어늘
問 夫菩薩戒者 乃文殊普賢之儔

구박범부가 여하득수리오
具縛凡夫 如何得受

답 약집범부하야 비보현자는 즉시멸일승종이라
答 若執凡夫 非普賢者 卽是滅一乘種

고성불합운 보조진로업혹문이
古聖不合云 普照塵勞業惑門

진시보현진법계라하니 약집중생하야
盡是普賢眞法界 若執衆生

비불자면 즉시방시방불이니라
非佛者 卽是謗十方佛

대교불합운 불심여중생이 시삼무차별이리라
大敎不合云 佛心與衆生 是三無差別

六、직지인심

이범망경운 일체유심자는 개응섭불계라하시니
以梵網經云 一切有心者 皆應攝佛戒

차품인자가 **수불유심**이리오
且稟人者 誰不有心

범성불자는 **개종심현**이니 **소이석가출세**하사
凡成佛者 皆從心現 所以釋迦出世

개중생심중불지지견하시고
開衆生心中佛之知見

달마서래하사 **직지인심견성성불**하시니라
達磨西來 直指人心見性成佛

고조사운 즉심시불이며 즉불시심이니 이심비불이요 이불비심이라하니라

故祖師云 即心是佛 即佛是心 離心非佛 離佛非心

소이일체색심과 시정시심이 개입불성계중이라

所以一切色心 是情是心 皆入佛性戒中

즉중생불성지심이 구불심계의 어늘 황보살계는

即衆生佛性之心 具佛心戒矣 況菩薩戒

유이개제위회라

唯以開濟爲懷

부동소승의 국집사상이니 시이보살이

不同小乘 局執事相 是以菩薩

요익유정지계는 **단제물리인**이라
饒益有情之戒 但濟物利人

七、말리부인과 선예대왕

여말리부인은 **유주위계**하고
如末利夫人 惟酒爲戒

선예대왕은 **유리유자**니라
仙豫大王 惟利惟慈

단행이물지심하면 **즉시병지지지**라
但行利物之心 即時秉持之志

갈내어법계에 **이분강역**하며 **향대도이정방우**리오
曷乃於法界 而分彊域 向大道而定方隅

도자로형하야 **반초여구**로다
徒自勞形　反招餘咎

八、보살계를 다시 받는 이유

문 중생심이 **기구불계**인댄 **하용갱수**오
問 衆生心 既具佛戒 何用更受

답 제불교법은 **개시위미료자**니라
答 諸佛教法 皆是爲未了者

이잠망고로 **사유미매**니라
以暫亡故 似有迷昧

금즉약사중명일새 **고칭수계**니라
今即約事重明 故稱受戒

자성묘율은 自性妙律 **원리소연**하야 圓理昭然 **미격범성**이라 靡隔凡聖

미상미오니라 未嘗迷悟

법구경운 法句經云 **계성여허공**이언마는 戒性如虛空 **지자위미도**라하고 持者爲迷倒

대반야경운 大般若經云 **지계필추**는 持戒苾蒭 **불승천당**하고 不昇天堂

파계비구는 破戒比丘 **불입지옥**이라하니라 不入地獄

하이고오 何以故 **법계중**에 法界中 **무지범고**며 無持犯故 **일체법공고**니라 一切法空故

九、십중 사십팔계

금위미견성인하야 **방편발양**하야 **영신심계**케하고
今爲未見性人　方便發揚　令信心戒

약사개도하야 **체용쌍명**하니
約事開導　體用雙明

기여십중사십팔경구가 **경중수수**나 **총약사설**이니라
祇如十重四十八輕垢　輕重雖殊　總約事說

별이불별이라 **이사일제**며 **불별이별**이라
別而不別　理事一際　不別而別

지범조연하니 **불리사구리**하야 **기단멸지심**하며
持犯條然　不離事求理　起斷滅之心

불리리행사하야 **집상정지견**이니라
不離理行事　　執常情之見

十、불승종자

문 **구박범부**가 **근미구중**하니
問　具縛凡夫　　根微垢重

약영수계면 **훼범익다**요
若令受戒　　毀犯益多

약불관근이면 **반조윤추**리라
若不觀根　　返遭淪墜

답 **지위구중장심**하야 **영수불계**하니
答　只爲垢重障深　　令受佛戒

현행번뇌수후나 **불승종자무휴**니라
現行煩惱雖厚　佛乘種子無虧

귀문자본유지불성선근과 **제불불가사의계지**
貴聞自本有之佛性善根　諸佛不可思議戒之

위력하고 **능영불심명랑**하고 **번뇌경미**하니
威力　能令佛心明朗　煩惱輕微

설소지시라도 **공덕무량**이니라
設少持時　功德無量

재발일념에 **이과성문**이니 **제불교량**하사
纔發一念　已過聲聞　諸佛挍量

군경구재니라
羣經具載

불가이정사억단으로 **배불위경**하야
不可以情思臆斷　背佛違經
방대지건이 **죄륜장겁**이니라
謗大之愆　罪淪長劫

十一, 보살계를 받아야 사람이다

보살영락경운 불언하사대
菩薩瓔珞經云　佛言
불자야 약과거미래현재일체중생이
佛子　若過去未來現在一切衆生
불수보살계자는 **불명유정식자**라
不受菩薩戒者　不名有情識者

22

축생무이하야 불명위인이니라 상리삼보해하야
畜生無異 不名爲人 常離三寶海

보살이며 비남비녀며 비귀비인이라
非菩薩 非男非女 非鬼非人

명위축생이며 명위사견이며 명위외도라
名為畜生 名為邪見 名為外道

불근인정이라하니라
不近人情

고지보살계는 유수법이무사법이라
故知菩薩戒 有受法而無捨法

유범불실하야 진미래제니라
有犯不失 盡未來際

약유인이 욕래수자어든 보살법사는
若有人　欲來受者　　　菩薩法師

선위해설독송하야 사기심개의해하야
先爲解說讀誦　　　使其心開意解

생락저심연후위수니라
生樂著心然後爲受

十二、 보살계와 팔만사천보탑

우부법사가 능어일체국토중에
又復法師　　能於一切國土中

교화일인출가하야 수보살계자면
教化一人出家　　受菩薩戒者

시법사는 **기복승조팔만사천보탑**이어든 是法師 其福勝造八萬四千寶塔

황부이인삼인내지백천인이리오 況復二人三人乃至百千人

복과불가칭량이니라 福果不可稱量

기법사자는 **부부육친**이 **득호위사**하야 **수기계자**하야 其法師者 夫婦六親 得互爲師 受其戒者

입제불계보살수중하야 **초과삼겁생사지고**니라 入諸佛界菩薩數中 超過三劫生死之苦

시고 응수유이범자를 **명위보살**이라 是故 應受有而犯者 名爲菩薩

승무수이불범이니라

勝無受而不犯

유범명보살이요 **무범명외도**니라

有犯名菩薩　無犯名外道

十三、팔관 십선계는 윤회의 길

문 하불이팔관십선으로 **점점도지**하야

問 何不以八關十善 漸漸度之

능칭소기하야 **면성훼범**가

能稱小機　免成毀犯

답 경운 약이십선화인하면 **여장독약여인**하야

答 經云 若以十善化人 如將毒藥與人

수일기득인천지포나 **불면생사독발**이라
雖一期得人天之飽　不免生死毒發

종불출운회하야 **번증업구**이요
終不出輪廻　翻增業垢

약이소승개화하면 **즉시대승**의 **원짐**이요
若以小乘開化　即是大乘冤讎

해탈의 **심갱**이라 **가외지처**라하니라
解脫深坑　可畏之處

경운 영기호랑야간심이언정 **불기성문벽지불**의
經云　寧起狐狼野干心　不起聲聞辟支佛意

라하니 **소이운 단설대승**이라야 **무구**라하니라
所以云　但說大乘　無咎

十四、비장하여 지옥에 가게 하다

문 설법수계는 본위초출고원이어늘
問 說法受戒 本爲超出苦源

하내각령비방훼범하야 번타지옥케하야
何乃却令誹謗毀犯 翻墮地獄

유손무익이어니 하성화문이리오
有損無益 何成化門

답 자유문이돈오하며 혹유문이점지하며
答 自有聞而頓悟 或有聞而漸持

혹유문이기방하니 수기불동이나 개능획익이라
或有聞而起謗 隨機不同 皆能獲益

불법은 진실하야 **종불당손**이 **여치독유중**하야 終不唐損 如置毒乳中
佛法 眞實

미미살인하며 **우여이독도고**하야 **원근개상**이니라
味味殺人 又如以毒塗鼓 遠近皆喪

차대승계법은 **문이기방**이라도 **상획대익**하야
此大乘戒法 聞而起謗 尚獲大益

초과공양항사불인이어든 **하황체신**하야 **일심구수**리오
超過供養恒沙佛人 何況諦信 一心求受

소이문수보살경중고량운비여유인이 **문설반야**하고
所以文殊菩薩經中校量云譬如有人 聞說般若

기방불신하야 **타지옥**이라도 **승공양항사불자**라하니라
起謗不信 墮地獄 勝供養恒沙佛者

하이고오 **공양항사불**은 **지득인천생멸지복**이어니와 何以故 供養恒沙佛 只得人天生滅之福

약문반야하고 **훼방타지옥**이라도 毁謗墮地獄
若聞般若

수방법필에 **이문반야위종**하야 **재문설반야**하면
受謗法畢 以聞般若爲種 纔聞說般若

편득심개하야 **찰나성불**하리니
便得心開 刹那成佛

교기공력컨댄 **천지현수**니라
校其功力 天地懸殊

十五、탐·진·치가 곧 불법

우제법무행경운 유일정위의법사가
又諸法無行經云 有一淨威儀法師

영민중생고로 **종소주처**하야
怜愍眾生故 從所住處

상입취락하야 **식흘이환**하야 **교화백천만가**하야
常入聚落 食訖而還 教化百千萬家

개작불자하야 **영발아뇩다라삼먁삼보리심**하나니라
皆作佛子 令發阿耨多羅三藐三菩提心

우유일위의비구가 **상주사중**하야
又有一威儀比丘 常住寺中

내지불능선어보리소행지도라
乃至不能善於菩提所行之道

정위의법사의 **제제자중**이 상입취락이어늘
淨威儀法師 諸弟子衆 常入聚落

생부정심하야 **즉명건퇴**하야 **집중립제**하되
生不淨心 即鳴揵槌 集衆立制

여등은 **자금이거**로 **불응입어취락**이라하니라
汝等 自今已去 不應入於聚落

어후정위의법사가 **우유위의비구**하야
於後淨威儀法師 遇有威儀比丘

지불신수대승계법하고
知不信受大乘戒法

강설일게하야 이작대승종하사
強說一偈 以作大乘種

필지불신비방하야 입지옥하고
必知不信誹謗 入地獄

지옥죄필에 인문차법하야 위오도지인하리라
地獄罪畢 因聞此法 為悟道之因

송왈 탐욕즉시도요 진에역부연이라
頌曰 貪欲即是道 嗔恚亦復然

여시삼법중에 구일체불법이라하니라
如是三法中 具一切佛法

유위의비구가 문이비방하야 기시업이에
有威儀比丘 聞已誹謗 起是業已

후시명종에 後時命終 是業果報故 **타아비대지옥** 墮阿鼻大地獄

구십백천억겁을 九十百千億劫 受諸苦惱 **수제고뇌**라가 從地獄出 하야 **종지옥출**하야

육십삼만세를 六十三萬世 常被誹謗 **상피비방**하고

기죄점박하야 其罪漸薄 後作比丘 **후작비구**하야 **삼십이만세**를 三十二萬世

출가지후에 出家之後 是業因緣 **시업인연**으로 返道入俗 **반도입속**하고

내지무량천만세를 乃至無量千萬世 諸根暗鈍 **제근암둔**하니라

사자유보야 **어여의운하**오
師子游步 於汝意云何

이시유위의비구가 **기이인호**아
爾時有威儀比丘 豈異人乎

물조사관하라 **칙아신시**니라
勿造斯觀 則我身是

아시기시미세부정악심하야 **수차죄업**하야
我時起是微細不淨惡心 受此罪業

타어지옥이니 **약인불욕기미세죄업자**인댄
墮於地獄 若人不欲起微細罪業者

어피보살에 **불응기어악심**이며 **보살소행도**를
於彼菩薩 不應起於惡心 菩薩所行道

개당신해하야 불응기진한지심이니라
皆當信解 不應起嗔恨之心

내지여래가 견시리고로 상설시법이라하시니
乃至如來 見是利故 常說是法

고지 인문차대승법하야 이득성불이니
故知 因聞此大乘法 而得成佛

문이기방이라도 상득성불이어든
聞而起謗 尙得成佛

하황지성으로 구문구수리오
何況志誠 求聞求受

十六、연화색 비구니의 이야기

차여보살계중에 **십중음살등계**는
且如菩薩戒中 十重婬殺等戒

지여현재불수계범부가 **종무시래**로
只如現在不受戒凡夫 從無始來

구조살도음욕등사와 **간탐진에등법**하되
具造殺盜淫欲等事 慳貪瞋恚等法

과거이조하며 **현재금조**하며 **미래당조**하야 **염념무**
過去已造 現在今造 未來當造 念念無

간하고 **심심미이**하야 **항몰생사**하고 **항침고옥**하니라
間 心心靡移 恒沒生死 恒沈苦獄

고로 **경운 염부중생**이 **거족동보**가 **무비시죄**라하니라

故經云 閻浮衆生 擧足動步 無非是罪

약행살해하면 **타축생중**하야 **호위고하**하고

若行殺害 墮畜生中 互爲高下

약기진에하면 **타지옥중**하야 **상시소자**하고

若起瞋恚 墮地獄中 常時燒煮

약생간탐하면 **타아귀중**하야 **기화상연**하니

若生慳貪 墮餓鬼中 飢火常然

고로 **법화경운 어지옥중**에 **작원관상**하며

故 法華經云 於地獄中 作園觀想

타려저구가 **시기행처**라하니라

駝驢猪狗 是其行處

소이로 연화색비구니가 석위희인하야
所以 蓮華色比丘尼 昔爲戲人

피법복시에 이숙명지로
披法服時 以宿命智

관과거무시전에 항처지옥하야
觀過去無始前 恒處地獄

무유출기하고 수내광권왕사성중석종등녀라하니
無有出期 遂乃廣勸王舍城中釋種等女

단출가하면 파계입지옥이라도 종유해탈지시라하니
但出家 破戒入地獄 終有解脫之時

시이로 단수파계라도 속초득도지장이요
是以 但受破戒 速超得道之場

불수불파하면 영처니리지환이니
不受不破　永處泥犁之患

이업도죄상수하야 **무유휴식**이니라
以業道罪相酬　無有休息

十七、보리심과 사홍서원

고로 **결정비니경운 불언우파리**야 하고로
故　決定毗尼經云　佛言優婆離　何故

수대승하야 **행보살계**는 **관용무범**하고 하고로
修大乘　行菩薩戒　寬容無犯　何故

성문금계는 **착협엄절**가 **우파리**야 **당지**하라
聲聞禁戒　窄狹嚴切　優婆離　當知

약초수대승하야 若初修大乘 **행보살계**하면 行菩薩戒 **신조유범**하야 晨朝有犯

응당결죄라도 應當結罪 **지오**하야 至午 **약보리심**이 若菩提心 **무간단**이면 無間斷

계취성취하야 戒聚成就 **칙비소범**이며 則非所犯 **내지중야유범**이라도 乃至中夜有犯

지어후야하야 至於後夜 **보리심**이 菩提心 **무간단**이면 無間斷

계취성취하야 戒聚成就 **칙비소범**이니라 則非所犯

우파리야 優婆離 **당지**하라 當知 **초수대승**하야 初修大乘

행보리심계행이 관완일새 약유보살이
行菩提心戒行 寬緩 若有菩薩

결죄유범이라도 불응회구라 부차약성문범계는
結罪有犯 不應悔懼 復次若聲聞犯戒

계상즉멸하야 무부경전이니
戒相則滅 無復更全

하고로 위성문지계는 제번뇌고로 여구두연소의하야
何故 爲聲聞持戒 除煩惱故 如救頭然燒衣

심속위구적멸열반하야 견지계행이니라
心速爲求寂滅涅槃 堅持戒行

이지보살은 위발보리무상심고로 수계하야
以知菩薩 爲發菩提無上心故 受戒

수잠유범이라도 내종사이론하야 일기소제라 雖暫有犯 乃從事而論 一期所制

약보리심과 사홍원불단하면 즉불명범이요
若菩提心 四弘願不斷 即不名犯

약영사보리심하고 위사홍서하면 즉명범계어니와
若永捨菩提心 違四弘誓 即名犯戒

이성문인은 불발보리심일새
以聲聞人 不發菩提心

수계하야 단구출리니 사계재범하면 지심즉단이라
受戒 但求出離 事戒纔犯 持心即斷

이종생멸변론고니라 약보리심보살계는
以從生滅邊論故 若菩提心菩薩戒

약진미래제토록 **무유간단**고니라
約盡未來際　無有間斷故

十八、계를 범해야 보살이다

우경운 범계명보살이요 **불범명외도**라하니
又經云　犯戒名菩薩　不犯名外道

이미문대승불성계고 무가득범이라
以未聞大乘佛性戒故　無可得犯

종수만선이나 **개시무익**이요 **고행소수**니
縱修萬善　皆是無益　苦行所收

종고구감이 **종무득리**니 **증사작반**이
種苦求甘　終無得理　蒸砂作飯

기유성시리오 소이로 양제발원운
豈有成時 所以 梁帝發願云

불원작울두람자하야 잠득생천이요
不願作鬱頭藍子 暫得生天

영가작제바달다하야 영처지옥이라하니라
寧可作提婆達多 永處地獄

十九、보살계는 성인의 종자

차여불수계중생이 법이루취하야 번뇌소영으로
且如不受戒衆生 法爾累聚 煩惱所縈

개타지옥이니 설득잠출이라도 환타윤회하야
皆墮地獄 設得暫出 還墮輪迴

皆墮地獄 設得暫出

사의순환하며 **여화선전**이니 **약득계력**하야
似蟻循環　如火旋轉　若得戒力

심우연인하면 **일념회심**하야 **자연개오**하리라
心遇緣因　一念迴心　自然開悟

경운 여왕생자에 **위민소경**하야
經云　如王生子　爲民所敬

득계호인은 **생성종중**하야 **후필득성**이
得戒護人　生聖種中　後必得聖

여소왕위라하니 **설유훼범**이라도
如紹王位　設有毁犯

여보살계팔승중에 **제오수죄경미승**하야
如菩薩戒八勝中　第五受罪輕微勝

타륙취중이라도 상득위왕이니 차시열중지승이니라
墮六趣中 常得爲王 此是劣中之勝

二十、앉아서 받고 서서 파하더라도

우여출가비구가 수시미세정지계인가
又如出家比丘 誰是微細精持戒人

이지분지요 유불능정이니 소이로
二地分持 惟佛能淨 所以

경운 유불일인이 지계청정이요
經云 惟佛一人 持戒淸淨

기여진명파계자라 남산운 수자법계위량이요
其餘盡名破戒者 南山云 受者法界爲量

지자린각유다라하며 持者麟角猶多 **우운 좌수립파**라도 又云 坐受立破

득무량복이니 得無量福 **내지단작봉계지심**이언정 乃至但作奉戒之心

막작득계지한이라하니라 莫作得戒之限

二十一、가없는 보살계

선생운 천지무변이며 善生云 天地無邊 **계역무변**이라 戒亦無邊 **초목무량**이며 草木無量

계역무량이라 戒亦無量 **허공대해고심**이라 虛空大海高深 **계역고심**도 戒亦高深

48

역부여시라하니 亦復如是 故知 受時十方戒法無邊이며

파자호리소분이라 破者毫釐少分 終不盡破니라

소이로 所以 薩婆多云 寧可一時 發一切戒

살파다운 영가일시에 **발일체계**언정

불가일시에 **범일체계**라하며 不可一時 犯一切戒

영가유계가범이언정 寧可有戒可犯

불가무계가파라하니 不可無戒可破

여무계가파지인은 如無戒可破之人 莫道具造惡業

막도구조악업하라

49

지여심산원곡에 목식초의로
只如深山遠谷 木食草衣

백천만겁을 수원리행이라도 약불수계법하면
百千萬劫 修遠離行 若不受戒法

대지도론중에 문수보살이 가운여금수무이라하니라
大智度論中 文殊菩薩 呵云與禽獸無異

二十二、 소승비구가 버섯이 되다

우보림전중에 유소승지계비구가
又寶林傳中 有小乘持戒比丘

안불관색하며 이불청성하되 이불달불리고로
眼不觀色 耳不聽聲 以不達佛理故

수시주공양하야 **상작대심환채**어든
受施主供養 尚作大蕢還債

기황무계신수하야 **이행도무자여**아
豈況無戒信受 理行都無者歟

여상소인이 **사리조연**하야 **금구불역지진전**이며
如上所引 事理照然 金口不易之眞詮

고성현행지방양이니 **하득빙허작실**하며
古聖現行之牓樣 何得憑虛作實

배정투사하야 **장타무상지선근**하야
背正投邪 障他無上之善根

기자보리지대난이리오 **약불투성참회**하면
起自菩提之大難 若不投誠懺悔

설란구중하야 선악인연난도라 고악립즉교보하리라
舌爛口中 善惡因緣難逃 苦樂立即交報

二十三、보살계의 5공덕과 8수승

문 하고로 범보살계는 불명범이나
問 何故 犯菩薩戒 不名犯而

계성무진이리요
戒性無盡

답 부보살계는 약약리추하면 즉유심이라
答 夫菩薩戒 若約理推 即惟心

심성무진이니 소이로
心性無盡 所以

영락경운 일체범성계가 진이심위체니라
瓔珞經云 一切凡聖戒 盡以心爲體

약약사명인댄 초발보살이 심사홍서원하면
若約事明 初發菩薩 心四弘誓願

병철미래제하야 섭화유정하야
並徹未來際 攝化有情

부동인천이승등계라하니라
不同人天二乘等戒

아차말경운 약일체성문계는
阿差末經云 若一切聲聞戒

입열반고로 계력소진하며 약벽지불계는
入涅槃故 戒力消盡 若辟支佛戒

무대비고로 계력소진이어니와 사리불당지하라
無大悲故 戒力消盡 舍利弗當知

보살마하살계는 행무진이니 하이고오
菩薩摩訶薩戒 行無盡 何以故

일체정계가 개인보살계섭하야 현전고니
一切淨戒 皆因菩薩戒攝 現前故

비여종자점다에 이익무진이니라 사리불당지하라
譬如種子漸多 利益無盡 舍利弗當知

보살심자는 유여종자하니 제불여래는
菩薩心者 猶如種子 諸佛如來

계행무진일새 시대장부며 명무진계행이니라
戒行無盡 是大丈夫 名無盡戒行

사리불아 **시수행보리지계고**로 **계행무진**이라하나니라

舍利弗 是修行菩提持戒故 戒行無盡

우 수보살계가 **구오공덕팔수승**하니

又 受菩薩戒 具五功德八殊勝

향하광명하야 **교량무진**하리라

向下廣明 校量無盡

二十四、보살계의 두 가지 파계

문 여상소설인댄 **운하시보살파계**오

問 如上所說 云何是菩薩破戒

답왈 담무참보살계본운 약유이사실보살계하니

答曰 曇無讖菩薩戒本云 略有二事失菩薩戒

일사보살원이요 **이증상악심**이니 **제시이사**코는
一捨菩薩願 二增上惡心 除是二事

약사차신이라도 **계종불실**이라
若捨此身 戒終不失

종시이후로 **소생지처**에 **당유차계**니
從是以後 所生之處 當有此戒

증상악심자는 **소위망설인법이공**하야
增上惡心者 所謂妄說人法二空

미득위득하야 **생대사견**하야
未得爲得 生大邪見

기불신심고로 **범경중지구**하야도 **불생포외**니
起不信心故 犯輕重之垢 不生怖畏

약유인연하야 혹범경중등계하야 수잠시파라도
若有因緣 或犯輕重等戒 雖暫時破

심신인과하야 상생참회하면 즉불명범이라하니라
深信因果 常生懺悔 即不名犯

우담무참계본운 약보살이 진타하야 수저진사하야
又曇無讖戒本云 若菩薩 嗔他 受著嗔事

불휴식자는 범중구죄나 불범자는 상욕사진이니
不休息者 犯重垢罪 不犯者 常欲捨嗔

진심유기라도 시명불범이라하니라
嗔心猶起 是名不犯

二十五、방편은 왜 쓰지 않는가

문 어제불유진문중에 **방편극다**나 **성요제휴**라하니
問 於諸佛誘進門中 方便極多 省要提攜

하불권생안양하고 **기수파계**하야 **번장정방**이리요
何不勸生安養 豈須破戒 翻障淨方

답 약생안양인댄 **교수구품지문**이라
答 若生安養 教授九品之文

상근수계습선하고 **중하행도염불**이니
上根受戒習禪 中下行道念佛

중생근기부등이라 **불가수일의제**니라
衆生根器不等 不可守一疑諸

대승기신론에 **명제불본의**하야 **위섭대승**하니
大乘起信論 明諸佛本意 爲攝大乘

초입신지인이 初入信之人 **공생악세**하야 恐生惡世 **난득성취**일가하야 難得成就

영회향왕생하야 令迴向往生 **면득퇴전**이라 免得退轉

약견불법신하면 若見佛法身 **역성취법인**하이니라 易成就法忍 **차시명문증**이니라 此是明文證

상품왕생은 上品往生 **여문수보살운** 如文殊菩薩云 **여장사굴신비경**에 如壯士屈伸臂頃

상품견불하야 上品見佛 **변증보살초지**요 便證菩薩初地

여하제구품은 如下第九品 **문대승**하되 聞大乘 **불신불계**하고 不信佛戒

혹지염불하야도 **내지임종회향**에 **역득왕생**이니
或只念佛 乃至臨終迴向 亦得往生

십이겁에 **시화개**하야 **미득견불**하고 **점증소승**이니
十二劫 始花開 未得見佛 漸證小乘

격기원공컨댄 **지속대격**이라
格其圓功 遲速大隔

二十六, 서민의 힘과 국왕의 힘

약수보살계하야 **발무상보리심자**는
若受菩薩戒 發無上菩提心者

이신대승이며 **이수대법**이라
已信大乘 已受大法

중간설파라도 中間設破 **역겸염불참회조생**이며 亦兼念佛懺悔助生

우득계위덕력과 又得戒威德力 **발대승심력**이요 發大乘心力

불수계자는 不受戒者 **역조악업**이라 亦造惡業 **지유염불지력**이요 只有念佛之力

전무계력과 全無戒力 **급문대승법등력**이니 及聞大乘法等力

약세간론컨댄 約世間論 **소력**이 少力 차불여다력이며 且不如多力

서인력이 庶人力 **불여국왕력**이요 不如國王力 **기단념불명**하야 其但念佛名

하품생자는 **임종**에 **난치우선우**니
下品生者　臨終　難値遇善友

개우연차하야 **우지력불견**일새
皆遇緣差　又志力不堅

수수간단하야 **악업심후**하야 **선약난배**니
數數間斷　惡業深厚　善弱難排

수시중연이라야 **방능극증**이니라
須是衆緣　　　　方能克證

고로 **경운 비소복중생**으로 **이득생피**라하니
故　經云　非少福衆生　　　　而得生彼

하여대소구운하며 **권실겸행**하야 **광비자량**하야
何如大小俱運　　　權實兼行　　　廣備資糧

62

만선훈발하야 **일심결정**하야 **가이연대**리오
萬善熏發 一心決定 可移蓮臺

차론수계이파자는 **혹유돈지**하며 **혹유점지**하니
此論受戒而破者 或有頓持 或有漸持

약단령일문염불왕생인댄 **즉구품허설**이요
若但令一門念佛往生 則九品虛設

상품대승은 **고연가기**니
上品大乘 孤然可棄

종상제불이 **불합제계**와 **급선정다문**이요
從上諸佛 不合制戒 及禪定多聞

단설일문하야 **이도군품**하니라
但說一門 以度群品

二十七、불교는 일정한 법이 없다

천태교운 이팔교망으로 **노인천어**라 하니
天台教云 以八教網 撈人天魚

유돈유점하며 **부정비밀**과 **장통별원**으로
有頓有漸 不定秘密 藏通別圓

여시접기하되 **상부득일**이니
如是接機 尚不得一

차일망공이 **여하장조**하며
且一網孔 如何張鳥

일사부가 **여하치국**이리요
一士夫 如何治國

제불무유정법고로 **호아누보리**라
諸佛無有定法故　號阿耨菩提

기병부동하고 **법약유이**하야
機病不同　法藥有異

의부전산이요 **천부장청**이라
醫不專散　天不長晴

혹유문법오자하며
或有聞法悟者

혹유좌선오자하며
或有坐禪悟者

혹유념경득도하며 **혹유수계증진**하니
或有念經得度　或有受戒證眞

제불대의가 **이가도위회**라
諸佛大意　以可度爲懷

설불가도자는 **설진실법**하야도 **역불득입**이요
設不可度者　說眞實法　亦不得入

약가도자는 **설허망법**이라도 **역득초피**니라
若可度者　說虛妄法　亦得超彼

고로 **불언**하되
故　佛言

약이허망득도자인댄 **아역망어**라 하니라
若以虛妄得度者　我亦妄語

보살이 **수육도만행**이 **여승사시과해**하며
菩薩　修六度萬行　如乘死屍過海

역여수금이 **측공득탈**이라
亦如囚禁　廁孔得脫

종부정일법이 **시**며 **정일법**이 **비**요

終不定一法 是 定一法 非

내지척망모진과 **사차취피**가 **병시집박자승**이라

乃至斥妄謀眞 捨此取彼 並是執縛自繩

의망소롱이며 **정견불망**하야 **치자대실**이라

疑網所籠 情見不忘 致茲大失

二十八, 눈병을 치료하면 허공꽃은 없어진다

삼승십이분교가 **유의아집우심**이라

三乘十二分教 惟醫我執愚心

집진정망하면 **지생도현**이니

執盡情亡 智生道現

고로 **경운 안병견공화**라
故 經云 眼病見空花

제예불제화며 **망심집유법**이라
除翳不除花 妄心執有法

견집불견법이라하니 약오대도원통지인은
遣執不遣法　　若悟大道圓通之人

상불견일법시니 **하유일법비**리오
尚不見一法是　　何有一法非

진시방세계에 **미유일인성불**이며
盡十方世界　　未有一人成佛

역불견일인작중생이니 **지옥재하방**이며
亦不見一人作衆生　　地獄在何方

천당거하처리오 天堂居何處 불성우몽예목하야 不省愚蒙翳目

쟁반공리지화하니 爭攀空裏之花 기찰망상의근이리요 豈察妄想疑根

도포암중지귀하나니 徒怖暗中之鬼 실가련민이며 實可憐愍 도자경차로다 徒自驚嗟

二十九、반딧불과 태양빛의 차이

오금의불어고 吾今依佛語故 준지교고로 遵至敎故 곡순기의하야 曲順機宜

수연서권하야 隨緣舒卷 유구대도자면 有求大道者 설일승지묘지하고 說一乘之妙旨

내구소행자면 **포육행지권문**하야 **대소겸홍**하며
來求小行者 布六行之權門 大小兼弘

선율구운하노니 **운운자피**라 **어아해위**리요
禪律俱運 云云自彼 於我奚爲

하득전우하야 **생어망견**하야 **집권방실**하며 **문취**가
何得專愚 生於妄見 執權謗實 蚊嘴

훼대포공가 **형염**이 **하제일어지광**이며
毀大怖空 螢燄 何齊日馭之光

기진창명지저리요
豈盡滄溟之底

역풍집거에 **자취분소**하며 **누관규천**에 **도포참치**니라
逆風執炬 自取焚燒 漏管窺天 徒抱慙恥

금준불지하야 고성원문을 찬집시행하야
今遵佛旨　　古聖圓文　纂集施行

도유연자하노니 **부원법계함식**이 **범유견문**하니는
度有緣者　　溥願法界含識　　凡有見聞

수보살계이행보살심하며
受菩薩戒而行菩薩心

발보리원이원보리과이니라
發菩提願而圓菩提果耳

終

수보살계법서
(受菩薩戒法序)

1. 보살계의 바른 뜻

보살계란 것은 일천 성인을 세우는 땅이며 만 가지 좋은 일의 기본이다.

또한 감로의 문을 열고 보리의 길로 들어서는 것이다.

<범망경>에 말씀하시기를 "중생이 부처님의 계[佛戒]를 받으면 곧 모든 부처님의 지위에 오른다."라고 하였다.

부처님의 계가 무엇인지 알고자 하는가.

그것은 곧 중생들의 마음이니라. 달리 다른 법이 없느니라.

2. 삼보와 조사서래의

 자신의 마음임을 깨달음으로 부처요, 마음의 원리대로 유지되므로 법이요, 마음이 모든 존재와 화합하여 하나가 됨으로 스님이요, 마음이 완전무결하게 청정함므로 계요, 마음이 고요하면서 살피는 까닭에 반야지혜요, 마음이 본래 적멸함므로 열반이니라. 이것이 여래의 가장 높은 법이며 조사가 서쪽에서 오신 뜻이니라.

 그러나 보살계를 듣는 사람들이 장애를 일으키고 보살계를 보는 사람들이 모두 의심을 일으키는 것은 번뇌가 깊고 복이 없어서이다. 마치 눈이 먼 사람이 아무것도 보지 못하지만 그것이 태양이나 달의 잘못이 아닌 것과 같다.

3. 참다운 불모

 만약 뜻이 있으면 보살계를 받는 사람과 보살계를 듣는 사람은 보살계법의 이익이 끝이 없어서 일곱 가지 뛰어난 변재로도 다 찬탄할 수 없으며, 일천 성인이 우러러 보아도 다하지 못하리라. 가위 참다운 부처님의 어머니다. 수많은 도사(導師)를 출생하며 신묘한 약 중에서도 왕이라. 능히 모든 병을 치료하나니 도에 들어가는 요긴함이 이 보살계를 능가하는 것은 없으리라.

4. 여래의 행업

 노사나불이 십지법문(十地法門)을 설하시어 보살의 계율과 위의를 운용하시며 여래의 행업을 세우시니라. 항하강의 모래처럼 많은 계품이 삼취정계를 완전하게 하는데 모두 거두어들였도다.

일만 가지 수행의 근본[因]이 오직 한 생각에 구족하였으므로 오위(五位)의 대사가 이 보살계를 의지하여 성불의 인(因)이 원만하지 아니함이 없으며, 시방세계의 부처님이 이 보살계를 말미암아 성불의 과(果)가 원만하지 아니함 없다.

지금 이 큰 일을 널리 밝히고자 하나 시기가 맞지 않은지라 만약 일찍이 일승(一乘)의 종자를 심은 이는 비로소 능히 믿고 이해하지만 정념에 집착한 사람은 어떻게 하여야 의혹을 풀 수 있겠는가. 모름지기 문답을 펴서 삿되고 잘못된 장애들을 제거하리라.

5. 문수 보현 그리고 부처님

문 : 보살계라는 것은 문수보살이나 보현보살과 같은 분들에게나 해당되는 것으로 아는데

번뇌의 속박에 얽힌 범부가 어떻게 그것을 받을 수 있겠는가?

답 : 만약 자신을 범부라고 집착하여 문수보살이나 보현보살이 아니라고 하는 사람은 곧 일불승(一佛乘)의 종자를 말살하는 일이다. 그렇다면 옛 성인이 결코 "많고 많은 번뇌와 업과 미혹들이 모두 다 보현보살의 참다운 진리의 세계다."라고 말하지 않았을 것이다. 만약 중생을 집착하여 부처가 아니라고 하는 사람은 곧 시방의 부처님을 비방하는 것이다. 그렇다면 결코 <화엄경>에서 "부처와 마음과 중생, 이 셋이 차별이 없다."라고 말하지 않았을 것이다.

6. 직지인심
그러므로 <범망경>에 말씀하시기를 "마음이

다. 하물며 보살계란 오직 사람들의 마음을 열어주고 제도하는 것으로서 근본을 삼는다. 형식에만 국한하여 집착하는 소승들의 계율과는 같을 수 없다. 그래서 보살이 유정(有情)들을 요익하게 하는 계는 다만 중생들을 제도하고 사람들을 이익되게 할 뿐이다.

7. 말리부인과 선예대왕

 예컨대 말리부인은 오직 술을 만드는 것으로써 계를 삼았다. 또 선예대왕은 오직 사람들에게 이익되는 일과 자비를 베푸는 것만을 생각하였다.

 다만 사람들을 이익하게 하는 마음만 행하면 지금 바로 모든 계율을 다 갖추어 가지는 뜻이 되기 때문이다. 그런데 어찌 이 드넓은 법계에서 나라의 다름을 구분할 것이며, 큰 삶의 길

[大道]을 나아가는데 동서남북을 나눌 것인가. 구분하고 나누기만 한다면 한갓 자신만 피곤할 뿐이며 도리어 의외의 잘못을 불러오리라.

8. 보살계를 다시 받는 이유

문 : 중생들의 마음이 이미 부처님의 계를 갖추고 있다면 어째서 다시 받는가?

답 : 모든 부처님의 가르침은 모두가 알지 못한 사람들을 위한 것이다. 혹 들어서 알다가도 잠깐 사이에 잊어버린 까닭에 미혹하고 어두운 듯하다. 그래서 지금 외형적인 방법에 의지하여 거듭 밝히는 것이므로 계를 받느니라. 자성의 미묘한 계율은 완전한 이치가 밝고 밝아서 범부와 성인을 나누지 않는다. 일찍이 미혹한 것도 깨달은 것도 없기 때문이다.

<법구경>에 말씀하시기를 "계의 성품은 허공과 같건만 계를 가지는 사람들이 미혹하여 잘 못 안다."라고 하였다. 또 <대반야경>에 말씀하시기를 "계를 가지는 비구는 천당에 올라가지 못하고 계를 깨뜨린 비구는 지옥에 들어가지 못한다."라고 하였다. 왜 그런가? 진리의 세계에서는 계를 가지거나 범하는 일이 없기 때문이며 일체법이 텅 비어 없기 때문이다.

9. 십중 사십팔계

그러나 지금은 본성을 보지 못한 사람들을 위하여 방편으로 드러내서 마음의 계를 믿게 하고, 형식에 의지하여 열어주고 인도하여 본체와 작용을 쌍으로 밝혔다. 다만 열 가지 무겁고 큰 계[十重]와 마흔 여덟 가지 가벼운 계[四十八輕垢]에 대해서 말하자면, 가볍고 무거운 것은 비록 다르나 모두가 형식에 의거하여 말한 것이다. 그래서 다르면서 다르지 않은 것은 이치의 입장과 형식의 입장이 하나이기 때문이며, 다르지 않으면서 다른 것은 계를 지키고 범하는 것이 길이 전혀 다르기 때문이다. 그러므로 형식은 떠나버리고 이치만을 구해서 아무것도 없다는 마음을 일으키지 말며, 이치를 떠나고 형식만을 행해서 평범한 보통 소견에 집착하지 말라.

10. 불승종자(佛乘種子)

문 : 번뇌의 속박에 얽매인 범부가 근기는 미약하고 업장은 무거우니 만약 그들에게 계를 받게 한다면 헐뜯고 범하는 일이 더욱 많을 것이다. 그와 같은 근기를 관찰하지도 않고 계를 받게 하면 도리어 지옥에 떨어지는 일이 발생하리라.

답 : 다만 번뇌가 무겁고 업장이 깊은 이를 위해서 그들에게 부처님 계를 받게 하는 것이다. 현재 일상생활에 드러난 번뇌가 비록 두텁고 무거우나 불승(佛乘)의 종자는 줄어들거나 이지러지지 않는다.

 스스로 본래부터 존재하는 불성이라는 훌륭한 근본과 모든 부처님의 불가사의한 계의 위신력이 있다는 사실에 대해서 설명들은 것을 소중하게 여겨야 한다. 능히 그들로 하여금 불심은 밝게 빛나게 하고 번뇌는 없어지게 하니, 설사 잠깐 동안만 계를 가진다 하더라도 그 공덕은 한량이 없다.

 이러한 보살계에 대해서 겨우 한 생각만 내더라도 벌써 소승 성문의 경지는 넘어선 것이다. 그래서 모든 부처님이 그러한 이치를 헤아려서 여러 경전 곳곳에 설하여 두었다. 공연히 개인적인 좁은 소견과 억지생각으로 부처님을 등지고 경전의 가르침을 어겨가며 대승의 가르침을 비방하면 그 허물로 인하여 오랜 세월 동안 지옥에 빠지는 삶을 살게 되리라.

11. 보살계를 받아야 사람이다

<보살영락경>에 이렇게 되어 있다. "부처님이 말씀하시기를 불자들이여, 만약 과거나 미래나 현재의 중생들이 보살계를 받지 아니한 사람은 생각이나 의식이 있는 사람이라고 이름 할 수 없다. 축생들과 하나도 다르지 않다. 사람이라고도 할 수 없다. 그들은 늘 삼보(三寶)의 바다를 떠나있기 때문에 보살도 아니며 남자도 여자도 아니며 귀신도 못 된다. 이름이 축생이다. 삿된 소견이며 외도다. 보통 사람들의 생각과 전혀 다르다."라고 하였다.

그러므로 알라. 보살계는 받는 법은 있어도

버리는 법은 없다. 설사 범하더라도 잃어버리는 일은 없다. 미래가 다하는 그 날까지 이어진다. 만약 어떤 사람이 와서 보살계를 받고자 하거든 보살계를 설하는 법사는 먼저 잘 해설하여 주고 읽고 외우게 하라. 그리고 보살계를 받는 사람의 마음을 활짝 열어주고 옛 생각이 다 풀어지게 하여 보살계에 대해서 기쁘고 즐거운 마음이 나도록 한 뒤에 받게 하라.

12. 보살계와 팔만사천보탑

또 보살계를 설하는 법사가 수많은 나라 중에서 한 사람을 교화하여 출가하게 해서 보살계를 받게 한다면 이 법사는 그로 인한 복이 팔만사천 보배 탑을 쌓은 공덕보다도 훨씬 수승하다. 그런데 하물며 두 사람이나 세 사람이나 내지 백 명, 천 명에게 보살계를 받게 하는 공덕이 어떠 하겠는가. 그 법사의 복덕의 결과는 이루 다 헤아릴 수 없이 많을 것이다.

 보살계를 설하는 법사는 부부와 육친들이 서로서로 스승이 되고 제자가 되면서 계를 받아서 여러 부처님 세계의 보살 숫자 중에 들어가리라. 그래서 삼겁(三劫)이라는 헤아릴 수 없이 오랜 세월의 생사의 고통을 뛰어넘게 되리라. 그러므로 응당 보살계를 받은 것이 있어서 범하게 되는 이를 보살이라 한다. 보살계를 받지 못하고 범할 것도 없는 사람보다는 훨씬 수승하리라. 계를 범할 것이 있는 사람을 보살이라 하고 범할 것이 없는 사람을 외도라 한다.

13. 팔관 십선계는 윤회의 길
 문 : 왜 팔관계(八關戒)와 십선계(十善戒) 같은 쉬운 것에서부터 차츰 차츰 이끌어서 작은 근기들에게 알맞게 하는 것이 공연히 보살계

를 주어 헐뜯고 범하게 하는 것보다는 낫지 않은가?

답 : 경전에서 말씀하기를 "만약 십선계로써 사람들을 교화하면 마치 독약을 가지고 사람들에게 주어 죽게 하는 것과 같다. 비록 먹었을 때는 잠깐 배가 부르듯이 십선계도 잘 지키면 사람으로 태어나고 천당에도 태어나지만 결국은 생사의 독약에 중독되는 것을 면하지 못한다. 그리고 마침내 윤회에서 벗어나지 못한다. 도리어 업장만 더욱 불어나게 할 뿐이다. 만약 소승법으로써 사람을 교화하면 곧 대승법을 죽이는 독약이 된다. 그리고 또한 해탈의 깊은 구덩이가 되고 만다. 참으로 두렵고 두려운 곳이다."라고 하였다.

또 경에서 말씀하시기를 "차라리 호랑이나 여우의 마음을 일으킬지언정 성문이나 벽지불이 될 뜻은 일으키지 말라."라고 하였다. 그러므로 다만 대승법을 설해야 허물이 없으리라.

14. 비장하여 지옥에 가게 하다
문 : 법을 설하고 계를 받는 것은 본래 고통의 근원에서 벗어나기 위해서다. 그런데 어찌 도리어 계를 비방하고 헐뜯고 범해서 지옥에 떨어지게 하는가? 손해만 있고 이익은 없으니 어찌 사람을 교화한다고 할 수 있겠는가?

답: 대승계법을 듣는 순간 단박에 깨닫는 사람이 있고 혹은 듣고도 차츰 차츰 지니는 사람도 있다. 혹은 듣고 나서 비방을 하는 사람들도 있다. 근기가 각각 다르나 모두 다 이익을 얻는다. 불법은 진실하다. 결코 헛된 것이 아니다. 마치 독약이 우유 속에 들어가면 한 모금 한 모금이 다 사람을 죽이는 것과 같다. 또 마

치 독약을 바른 북과 같아서 북소리를 멀리서 들으나 가까이서 들으나 모두가 죽는 것과 같다. 이 대승계의 이치는 듣고 나서 비방을 하더라도 오히려 큰 이익을 얻는다. 항하강의 모래 수처럼 많은 부처님께 불공을 드리는 것보다 그 공덕이 훨씬 넘친다. 그런데 하물며 철저히 믿고 일심으로 받기를 구하는 사람이겠는가.

그러므로 <문수보살경>가운데서 서로 견주어 헤아리기를 "비유하자면 어떤 사람이 반야에 대해서 해설하는 것을 듣고는 믿지 않고 비방하여 지옥에 떨어졌더라도 항하강의 모래 수처럼 많은 부처님께 공양한 사람보다 더 수승하다."라고 하였다. 왜냐하면 항하강의 모래 수처럼 많은 부처님께 공양한 것은 다만 사람으로 태어나거나 천당에 태어나는 생멸의 복을 받지만, 만약 반야를 듣고 비방하여 지옥에 떨어질지라도 비방한 과보를 다 받고 나서는 반야를 들은 것이 종자가 되어 나중에 다시 반야를 듣게 되면 곧바로 마음이 열려서 찰나 사이에 성불할 것이다. 그 공덕의 힘을 견주어본다면 하늘과 땅처럼 다른 것이다.

15. 탐·진·치가 곧 불법

또 <제법무행경>에 말씀하시기를 "어떤 한 청정한 위의(威儀)를 지닌 법사가 있었는데 중생들을 불쌍히 여긴 까닭에 거주하던 곳으로부터 항상 마을로 들어가서 걸식을 마치고 돌아와서 다시 백 천만이나 되는 가정들을 교화해서 모두 불자를 만들었다. 그래서 최상의 깨달음에 대한 마음인 보리심을 내게 하였다. 그리고 또 한 위의를 지닌 비구가 있었는데 항상 절에 있으면서도 깨달음의 길에 대해서 잘 알지 못하였다. 청정한 위의법사의 제자들이 항상 마을에 들어가거늘 그들을 옳지 못하게 여기는 마음을 일으켜서 곧 목탁을 쳐서 대중들을 모아놓고 법을 제정하였다. '그대들은 지금부터 이후로 절대 마을에 들어가지 말라.'라고 하였다."

"그 뒤 청정한 위의법사가 우연히 그 비구를 만났다. 비구가 대승계법을 믿지 않고 받아들이지 않음을 알고는 무리를 해서라도 게송을 설해서 대승법의 종자를 심어주고자 하였다. 그는 반드시 믿지 않고 비방하여 지옥에 떨어질 것이고 지옥의 죄업이 끝나고는 이 대승법을 들은 인연으로 도를 깨닫는 씨앗이 되리라고 여겼다."

그 게송은 이렇다.

"탐욕이 곧 도(道)다.

진심 내고 어리석음도 또한 도다.
이와 같은 세 가지 법 안에
일체의 불법을 모두 갖췄다."

"그 훌륭한 비구가 그 게송을 듣고 나서 비방하였다. 비방한 업 때문에 죽고 나서는 그 과보로 무간지옥에 떨어졌다. 지옥에서 구십 백천겁 동안 온갖 고통을 받다가 다시 지옥에서 나와서 육십삼만 세를 항상 남들로부터 비방을 받았다. 그리고는 죄업이 점점 가벼워져서 드디어 비구가 되어 삼십이만 세를 출가하여 지낸 뒤, 이 업의 인연으로 다시 세속에 돌아가서 한량없는 천만 세를 육근이 우둔하여 미련하게 살았느니라. 사자유보여, 그대는 어떻게 생각하는가. 그 때의 그 비구가 어찌 다른 사람이겠는가. 놀라지 말라. 내가 바로 그 비구였느니라."

"내가 그 때에 조그마한 나쁜 마음을 일으켜서 이러한 죄업을 받아서 지옥에 떨어졌으니 만약 누구라도 조그마한 죄업이라도 일으키지 않으려면 훌륭한 법을 설하는 그런 보살에 대해서 나쁜 마음을 내지 말라. 그리고 보살이 행하는 길을 모두 마땅히 믿고 이해하여 절대로 원망하거나 분노하지 말라. 여래는 이러한 이익을 보아왔기에 항상 이 법을 설한다."라고 하였다. 그러므로 알라. 이 대승법을 들은 인연으로 부처를 이루었다.

듣고 비방만 하더라도 오히려 부처를 이루었는데, 어찌 하물며 지극한 정성으로 들으려하고 믿고 받아들이는 일이겠는가.

16. 연화색 비구니의 이야기

또 보살계 가운데 열 가지 무거운 계에 속하

는 살생이나 훔치는 것이나 음행하는 것 등등은 다만 현재 계를 받지 아니한 범부들에게는 오랜 세월 이전부터 살생, 훔치는 것, 음행 등과 아끼고 탐내고 성내는 등등의 일을 과거에도 해 왔으며 현재에도 하고 있으며 미래에도 당연히 할 것이다. 항상 이어져서 그 마음이 변하지 않기 때문에 늘 생사의 바다에 빠지고 고통의 감옥에 들어간다. 그러므로 경전에서 말씀하시기를 "염부제 중생들이 발을 들고 걸음을 옮길 때마다 죄악 아닌 것이 없다."라고 하였다.

 만약 생명을 살해하면 축생이 되어 서로 뒤바뀌어 오르내린다. 만약 분노를 일으키면 지옥에 떨어져서 항상 불에 탄다. 만약 아끼고 탐욕을 부리면 아귀가 되어 늘 굶주림의 불길에 휩싸인다. 그러므로 <법화경>에 말씀하시기를 "지옥에 있으면서 마치 뒷동산처럼 여기고

낙타나 당나귀나 돼지나 개가 되어 사는 것이 그들의 생활이다."라고 하였다.

 그러므로 연화색(蓮華色)이라는 비구니는 예전에 사람들의 노리개가 되었는데 출가하여 법복을 입고는 과거를 꿰뚫어보는 숙명통의 지혜를 얻어 과거를 관찰해보니 항상 지옥에 드나들어 빠져나올 기약이 없었던 때가 있었다. 드디어 왕사성 석가족의 여자들에게 널리 권하였다. "다만 출가만 하면 설사 파계해서 지옥에 들어갈지라도 마침내는 해탈할 때가 있다."라고 하였다. 그러므로 다만 계를 받고 파계만 할지라도 신속하게 도를 얻을 수 있다. 그러나 계를 받지 않고 파계할 것도 없는 사람들은 영원히 지옥과 같은 삶에서 살게 되리라. 업을 지은 것과 죄를 받는 일이 서로 서로 반복해서 주고받고 배상하여 쉴 날이 없으리라.

17. 보리심과 사홍서원

그러므로 <결정비니경>에서 말하였다. "부처님이 말씀하시기를 우파리(優婆離)여, 무슨 까닭으로 대승법을 닦아서 보살계를 행하면 너그러워서 범하는 일이 없는가. 그리고 또 무슨 까닭으로 성문의 계는 좁고 엄한가. 우파리여, 마땅히 알아라. 만약 처음으로 대승법을 닦아서 보살계를 행하면 아침에 범해서 응당히 죄에 얽히더라도 낮에 이르러서 만약 보리심이 간단없이 이어지면 계가 성취되어서 곧 범하는 바가 되지 않느니라. 그리고 한 밤중에 범하더라도 새벽에 이르러서 보리심이 간단없이 이어지면 계가 성취되어 곧 범하는 바가 되지 않느니라."

"우파리여, 마땅히 알아라. 처음 대승법을 닦아서 보리심을 행한 계행이 너그럽기 때문에 만약 보살이 죄를 지어 범함이 있더라도 응당

후회하거나 두려워할 것이 아니니라. 그러나 또한 성문이 계를 범하는 것은 계의 형상이 곧 소멸하여 다시는 온전하여질 수 없다. 왜냐하면 성문이 계를 지키는 것은 번뇌를 제거하기 위한 까닭에 머리에 불이 붙고 옷에 불이 붙은 것을 꺼야하는 것과 같아서 마음에 빨리 적멸열반을 구하기 위해서 굳게 계행을 지킨다." 하니라.

 그러므로 알라. 보살은 보리심이라는 최상의 마음을 내었기 때문에 계를 받아서 비록 잠깐 범했더라도 형식적인 것이라는 사실의 바탕 위에서 논한다. 어느 한순간만 필요한 법이지 영원한 것은 아니다. 만약 보리심과 사홍서원이 끊어지지 아니하면 곧 범했더라도 범했다고 하지 않는다. 만약 영원히 보리심을 버리고 사홍서원을 어기면 그것이 곧 계를 범하는 것이다.

 그런데 성문인은 보리심을 발하지 않고 계를 받아서 다만 세상에서 벗어나기만을 구함으로 형식적인 계를 조금만 범하면 계를 가지는 마음이 곧 끊어지고 만다. 생멸에 치우쳐서 논하기 때문이다. 만약 보리심 보살계는 미래세상이 다하도록 결코 단절이 없기 때문이다.

18. 계를 범해야 보살이다

 또 경전에서 이르기를, "계를 범하면 이름이 보살이요 범하지 않으면 외도다."라고 하였으니 대승 불성계를 아직 듣지 못한 까닭에 범할 수 없는 것이다. 비록 만 가지 선행을 닦으나 모두 이익이 없다. 고행에 해당할 뿐이다. 쓰디쓴 것을 심어서 달콤한 것을 구하려는 것은 이치에 맞지 않다. 모래를 쪄서 밥을 만든들 어찌 이루어지겠는가. 그러므로 양나라 무제 임

금이 발원하기를, "울두람자가 되어서 잠깐 천당에 태어나기를 원하지 않고 차라리 제바달다가 되어서 영원히 지옥에서 살리라."라고 하였다.

19. 보살계는 성인의 종자

또한 계를 받지 아니한 중생들이 업장이 겹치고 쌓여서 번뇌에 얽혀 모두 지옥에 들어가니 설혹 잠깐 동안 벗어났더라도 또다시 윤회에 떨어져서 마치 개미가 쳇바퀴를 돌듯하고 불놀이할 때 불이 돌아가는 것과 같이 연속이 되니 만약 계의 힘을 얻어서 마음이 인연을 만나면 한순간에 마음을 돌이켜서 저절로 깨닫게 되리라.

경전에서 말씀하시기를 "마치 왕이 왕자를 낳으매 백성들의 공경하는 바가 되는 것과 같아서 보살계를 받아 사람들의 애호함을 받고 성인의 종자 가운데 태어나서 후에는 반드시 성인이 되는 것이 마치 왕자가 왕위를 계승하는 것과 같다."라고 하였다. 설사 계를 범하는 일이 있어도 보살계의 여덟 가지 수승한 것 중에 '제5 죄를 지어 벌을 받아도 매우 가볍게 되는 수승함'이 된다고 하였다. 육취(六趣) 가운데 떨어졌을지라도 항상 왕이 되니 이것은 열악한 가운데 수승함이다.

20. 앉아서 받고 서서 파하더라도

또한 출가한 비구라고 해서 누가 세세하게 계를 모두 지키는 사람이 있는가. 보살의 두 번째 지위[二地]에 오른 보살이라 하더라도 어느 한 부분만 지킬 수 있다. 오직 부처님만 능히 청정하다. 그러므로 경전에서 말씀하시기를 "오직 부처님 한 사람이 계를 가지는 것이 청정하고 그 나머지는 모두 파계한 사람이다"라고 하였다.

 남산율사가 말하기를 "계를 받는 사람은 드넓은 법계처럼 그 양이 많고 계를 지키는 사람은 기린의 뿔의 숫자도 오히려 많다."라고 하였다. 또 말하기를 "앉아서 계를 받고 서서 파하더라도 한량없는 복을 얻으니 다만 계를 받들 마음만 가지지 계를 받은 것에 대해서 후회하지는 말라."라고 하였다.

21. 가없는 보살계

 <선생경>에 말하기를 "천지가 가없고[無邊] 계도 또한 가없으며, 초목이 한량없고 계도 또한 한량없다. 허공과 대해가 높고 깊듯이 계도 또한 그와 같이 높고 깊은 것이 이와 같다."라고 하였다. 그러므로 알라. 계를 받을 때는 시방계법이 가없으나 파하는 것은 터럭 끝과 같

이 아주 적어서 마침내 다 파할 수가 없다.

 그러므로 살바다(薩婆多)에 이르기를 "차라리 일시에 일체 계에 대한 마음을 낼 수는 있을지언정 가히 일시에 일체 계를 범하지는 못한다."하였다. 또 "차라리 계를 받아 범할 것이 있을지언정 파할 계가 없게 하지 말라."라고 하였다. 만약 파할 계가 없는 사람이라고 해서 악업을 갖추어 짓는다고 말하지 말라. 다만 심산유곡에서 나무 열매로 식사를 하고 풀잎으로 옷을 삼아 입으며 백천만겁동안 세상을 멀리 떠나는 수행을 닦을지라도 만약 계법을 받지 아니하면 <대지도론>에서 문수보살이 꾸짖기를 "새나 짐승으로 더불어 다르지 않다."라고 하였다.

22. 소승비구가 버섯이 되다

또 <보림전(寶林傳)>이라는 책에 "어떤 소승 지계비구가 눈으로는 아름다운 경계를 보지 않고 귀로는 좋은 소리를 듣지 않았으나 불법의 이치를 알지 못한 까닭에 시주의 공양만 받아서 오히려 큰 버섯이 되어 시주의 빚을 갚았다." 하니 어찌 하물며 보살계를 받은 바도 없이 신도의 시주를 받아서 이치와 행이 도무지 없는 사람이겠는가.

지금까지 인용하여 온 것은 형식과 이치가 너무 분명해서 부처님의 입으로도 바꿀 수 없는 참다운 가르침이며, 옛 성인들이 행하신 본보기다. 어찌 헛된 것을 의지하여 참다운 것을 지으며, 또 어찌 바른 것을 등지고 삿된 것에 나아가서 다른 사람들에게는 최상의 선근을 장애하고, 자신에게는 보리의 큰 어려움을 일으키겠는가. 만약 정성을 다해 참회하지 아니하면 혀가 입 속에서 흩어져서 선악의 인연을 도망하기 어려우리라. 고와 낙의 과보를 선 자리에서 받으리라.

23. 보살계의 5공덕과 8수승

문 : 무슨 까닭으로 보살계를 범하는 것은 범한다고 이름 하지 않으면서 계의 성품은 다하지 않는가?

답 : 대저 보살계는 만약 이치에 의지해서 미루어 본다면 곧 오직 마음뿐이다. 마음은 다함이 없다. 그러므로 <영락경>에 말씀하시기를 "일체 범부와 성인의 계가 모두 마음으로서 본체를 삼는다. 그러나 만약 형식에 의지해서 밝힌다면 초발심보살이 마음에 사홍서원을 발하면 미래제에 사무치도록 유정들을 교화한다. 그래서 사람으로 태어나고 천상에나 가는 이

승들의 계와는 같지 않다."라고 하였다.

 <아차말경>에 이르기를 "일체 성문들의 계는 열반에 들어가기 때문에 계의 힘이 다하고, 벽지불의 계는 자비가 없기 때문에 계의 힘이 다한다. 사리불이여, 마땅히 알라. 보살마하살의 계는 그 실천이 다함이 없으니 왜냐하면 일체의 청정한 계는 모두 보살계를 인하여 포섭되어 나타나기 때문이다. 비유하자면 곡식의 종자가 많으면 그 이익이 다함이 없는 것과 같으니라. 사리불이여, 마땅히 알라. 보살의 마음이란 마치 곡식의 종자와 같으니 제불여래는 계행이 다함이 없으므로 대장부며 이름이 '다함이 없는 계행'이니라. 사리불이여, 보리심을 닦아서 계를 가지기 때문에 계행이 다함이 없다."라고 하였다. 또 보살계를 받는 것이 다섯 가지 공덕과 여덟 가지 수승함을 갖추었으니

뒤에 널리 밝혀서 다함이 없음을 비교하여 헤아리리라.

24. 보살계의 두 가지 파계

문 : 위에서 말한 것과 같다면 보살의 파계란 무엇인가?

답 : <담무참보살계본>에 말하였다. "파계에는 간략하게 두 가지 일이 있다. 그것만이 보살계를 잃어버리는 것이다. 하나는 보살의 서원을 버리는 일이며, 하나는 잘난 체하는 더럽고 추한 마음이다.

이 두 가지의 일을 제하고는 만약 이 몸을 버릴지라도 계는 마침내 잃어버리지 않는다. 지금부터 이후로 태어나는 곳마다 마땅히 이 계가 있다. 더럽고 추한 마음을 가진 사람은 자신과 세상이 공하다고 거짓말을 하여 얻지도 못하면서 얻었다고 한다. 크나 큰 삿된 소견을 내어서 믿지 않는 마음을 일으키기 때문에 가벼운 것이나 무거운 것을 범해도 두려움을 내지 않는다. 그러나 만약 인연이 있어서 혹 가볍거나 무거운 계를 범해서 비록 잠깐 파할지라도 인과를 깊이 믿어서 항상 참회하면 곧 범했다고 하지 않는다."하였다.

또 <담무참계본>에 말하였다. 만약 보살이 다른 사람에게 화를 내고 화를 내는 일에 대해 집착해서 그칠 줄 모르는 사람은 무거운 죄를 범하는 것이지만, 범하지 않는 방법은 항상 화를 버리려고 하는 것이니 그렇게 하면 화내는 마음이 오히려 일어나더라도 이것은 범하지 않은 것이다.

25. 방편은 왜 쓰지 않는가

문 : 모든 부처님들이 중생들을 타이르고 달래어 수행에 나아가게 하는 길에는 방편이 지극히 많다. 그중에서 가장 간단하고 요긴한 방편이 중생들을 이끌고 극락세계로 데리고 가는 것이라 하였다. 그런데 어찌 극락에 태어나는 것을 권장하지 않고 지키지도 못할 보살계를 주어 다시 파계하게 해서 도리어 정토인 극락에 가는 것을 방해하는가?

답 : 만약 극락[安養]에 태어나려고 한다면 구품(九品)에 대한 내용을 설명하게 된다. 상근기(上根器)의 사람들은 보살계를 받으며 선정을 닦고 중간 근기나 하근기들은 불상을 돌거나 탑을 돌며 염불을 한다. 중생들의 근기가 같지 않기 때문에 한 가지만을 지켜서 다른 방편들을 의심할 것은 아니다. <대승기신론>에

서는 "모든 부처님의 본래의 뜻을 밝혀서 대승에 포섭하였다. 처음 믿는 사람들이 열악한 세상에 태어나서 성취하기 어려워할까 염려되어 그들에게 극락에 왕생하는 것에 회향하도록 해서 불교에서 물러서지 않게 하였다. 만약 부처님의 법신을 본다면 쉽게 깨달음[法忍]을 성취한다." 라고 하였으니 이것이 분명한 글로써 증명하였다.

극락세계에 태어나는데 상품에 왕생하는 것은 문수보살이 말씀하시기를, "마치 힘이 센 장사가 팔을 구부리고 펴는 사이에 상품으로 태어나 부처님을 친견하고 곧 바로 보살의 최초 지위에 오른다. 그러나 최하의 구품에서는 대승법을 듣고도 부처님의 계를 믿지 못하며, 혹은 다만 염불만 하고 임종할 때에 또한 왕생하게 되기도 한다. 십이 겁 만에 비로소 꽃이

피지만 부처님을 친견하지 못하고 차츰 차츰 소승의 경지를 증득하니 원만한 대승의 공력과 비교하자면 더디고 빠른 것이 크게 차이가 있다."라고 하였다.

26. 서민의 힘과 국왕의 힘

만약 보살계를 받아서 최상의 보리심을 발한 사람은 이미 대승을 믿은 것이며 이미 큰 법을 받아들인 것이다. 중간에 설사 파계하는 일이 있더라도 염불하고 참회하여 왕생을 도우리라. 또한 보살계라는 위덕의 힘과 대승심을 발한 힘을 얻게 되리라.

보살계를 받지 아니한 사람은 또한 악한 업을 지으며 다만 염불한 힘만 있고 보살계의 힘과 대승법을 들은 힘은 전혀 없다. 세간의 논리로 말하자면 적은 수의 힘과 많은 수의 힘은 같지 않으며, 서민의 힘과 국왕의 힘은 같지 않은 것과 같다. 다만 부처님의 이름만을 외워서 하품에 태어나는 사람은 임종에 훌륭한 벗[善友]을 만나기 어렵다. 모두 만나는 인연이 어긋나고 또한 의지력이 견고하지 못해서 자주 자주 중단이 된다. 악업은 깊고 두터우며 선업은 약해서 물리치기 어렵다. 여러 가지 인연이 있어야 비로소 능히 성취할 수 있다.

그러므로 경전에 말씀하였다. "복이 없는 중생은 그곳에 태어나지 못한다." 그러므로 대승적 수행과 소승적 수행을 함께 운용하며, 방편과 실법을 겸하여 행해서, 양식이 될 온갖 수행을 널리 갖추고 만 가지 선업이 드러나게 하여, 한 마음이 결정되어서 극락세계의 연화대에 옮겨가는 것과 어떻게 같을 수 있겠는가.
이 서문에서 이야기한 보살계를 받고 파계하는 사람은 혹은 한꺼번에 가지는 사람도 있고 혹은 차츰 차츰 가지는 사람도 있으니 만약 다만 한 문으로만 염불해서 왕생하게 한다면 구품이라는 말이 허설이다. 상품대승은 고루하여 버려야할 것이다. 그렇다면 과거의 모든 부처님이 계와 선정과 다문(多聞)을 제정하지 않고 다만 한 가지 문만을 설해서 중생들을 제도했어야 하리라.

27. 불교는 일정한 법이 없다

 천태교(天台敎)에서 말하기를, "여덟 가지 가르침의 그물로 사람과 천신의 고기들을 다 건진다."라고 하였다. 여덟 가지 가르침은 돈교, 점교, 부정교, 비밀교, 장교, 통교, 별교, 원교다. 이와 같은 방법으로 중생들을 가르쳐도 오히려 하나도 얻지 못할 수가 있다. 그물 구멍 하나가 어떻게 새를 잡을 수가 있으며 한 사람의 지도자가 어떻게 나라를 다스릴 수 있겠는가.

 모든 부처님들은 고정된 법이 없기 때문에 "최상의 깨달음"이라 한다. 사람들의 병이 같지 않고 가르침의 약도 다르다. 의사는 오로지 가루약만 쓰지 않고 하늘은 늘 맑지만은 않다. 혹 어떤 이는 법문을 듣고 깨닫는 사람도 있고, 혹 어떤 이는 좌선을 하여 깨닫는 사람도 있다. 혹 어떤 이는 경전을 읽어서 깨닫는 사람도 있고, 혹 어떤 이는 보살계를 받아서 진리를 증득하는 사람도 있다. 모든 부처님들의 큰 뜻은 중생을 제도하는 것으로써 본의를 삼는다. 만약 제도할 수 없는 사람은 진실한 법을 설해도 또한 불법에 들어가지 못하고 제도할 수 있는 사람은 거짓 법을 설해도 또한 저 언덕에 오를 수 있다.

 그러므로 부처님께서 말씀하시기를 "만약 거짓말로써 제도를 얻을 사람이라면 나도 또한 거짓말을 하리라."라고 하시니라. 보살이 육도만행을 닦는 것이 마치 시체를 타고 바다를 건너가는 것과 같으며, 또한 감옥에 갇힌 죄수가 변소 속을 지나서 탈출하는 것과 같다. 마침내 어느 일정한 한 가지 법이 옳은 것도 아니고, 일정한 한 가지 법이 그른 것도 아니다. 거짓을 배척하여 진실을 도모하는 것과 이것을 버리고 저것을 취하는 것이 모두가 포승줄을 잡고 스스로를 묶는 것이다. 의혹의 그물에 덮이고 생각으로 헤아리는 소견[情見]이 없지 아니해서 큰 손실을 불러오리라.

28. 눈병을 치료하면 허공꽃은 없어진다

삼승십이분교(三乘十二分敎)는 오직 아집과 어리석은 마음을 치료하는 것이다.

아집이 다하고 생각으로 헤아리는 것[情]이 없어지면 지혜가 생기고 도가 나타난다. 그러므로 경전에 말씀하시기를 "눈병 때문에 허공에 꽃이 보인다. 눈병을 치료하면 꽃은 제거하지 않아도 되듯이 망령된 마음으로 집착하니 법이 있다. 그러므로 집착만 버리면 법은 버리지 않아도 된다."라고 하였다.

 만약 큰 도를 깨달아 원만하게 통한 사람은 오히려 한 법도 옳은 것을 보지 않거니 어찌 한 법인들 그른 것이 있겠는가. 온 시방세계에 한 사람도 성불한 이가 있지 않으며, 또한 한 사람도 중생된 사람을 볼 수 없다. 지옥이 어디에 있으며 천당이 어디에 있겠는가. 어리석은 사람은 눈병 난 것을 살피지 못하고 허공 속에 있는 꽃만 부여잡으려 한다. 어찌 망상과 의혹의 근본을 살필 수 있겠는가. 한갓 어두운 데서 잘못 본 귀신을 두려워하니 실로 가련하고 불쌍하도다. 나 스스로 놀라고 탄식할 뿐이로다.

29. 반딧불과 태양빛의 차이

 나는 지금 부처님의 말씀을 의지하는 까닭에, 그리고 지극한 가르침을 따르는 까닭에 근기와 수준의 정도에 순응하여 인연을 따라 펴기도 하고 거두기도 한다. 큰 도를 구하는 사람이 있으면 일승의 묘지(妙旨)를 설하고, 작은 수행을 구하면 육바라밀의 방편문을 펼쳐서 크고 작은 것을 겸하여 넓히고, 선정과 계율을 함께 운용하여 지금까지 논해 온대로 이러이러하게 자신의 뜻과 다른 이의 생각을 함께하였다. 어떻게 나에게만 맞게 할 수 있겠는가. 어찌 오로지 어리석은 이는 망령된 소견을 내어 방편을 집착하여 실법을 비방하며 대승을 훼방하고 공의 이치를 두려워하는가. 반딧불빛이 어찌 태양빛과 같을 수 있으며 모기의 부리가 어찌 바닷물을 다 마실 수 있으리오.

 역풍을 향해 횃불을 들면 스스로를 불에 태우

게 되고, 좁은 대쪽 구멍으로 하늘을 보면 한갓 부끄러울 뿐이다. 지금 부처님의 뜻을 따라 옛 성인들의 훌륭한 가르침을 모으고 베풀어서 인연이 있는 사람들을 제도하려 한다. 법계의 모든 중생으로서 무릇 보고 듣는 이들은 보살계를 받아서 보살의 마음을 실천하고 보리의 원을 발해서 보리의 성과(聖果)를 원만히 하기를 널리 바랄 뿐이다.

도서출판 窓 의 "무량공덕" 시리즈

제1권	**금강경**,	무비스님 편저
제2권	**천수·반야심경**,	무비스님 편저
제3권	**부모은중경**,	무비스님 편저
제4권	**목련경**,	무비스님 편저
제5권	**천수·금강경**,	무비스님 편저
제6권	**천수·관음경**,	무비스님 편저
제7권	**관세음보살보문품**,	무비스님 편저
제8권	**금강·아미타경**,	무비스님 편저
제9권	**불설아미타경**,	무비스님 편저
제10권	**예불문**,	무비스님 편저
제11권	**백팔대참회문**,	무비스님 편저
제12권	**약사여래본원경**,	무비스님 편저
제13권	**지장보살예찬문**,	무비스님 편저
제14권	**천지팔양신주경**,	무비스님 편저
제15권	**보현행원품**,	무비스님 편저
제16권	**지장보살본원경(상)**,	무비스님 편저
제17권	**지장보살본원경(하)**,	무비스님 편저
제18권	**무상법문집**,	무비스님 편저
제19권	**대불정능엄신주**,	무비스님 편저
제20권	**수보살계법서**,	무비스님 편저

☼ "무량공덕" 시리즈는 계속 간행됩니다.

☆ 법보시용으로 다량주문시
특별 할인해 드립니다.

☆ 원하시는 불경의 독송본이나
사경본을 주문하시면 정성껏
편집·제작하여 드립니다.

◆무비(如天 無比)스님

· 전 조계종 교육원장
· 범어사에서 여환스님을 은사로 출가
· 해인사 강원 졸업
· 해인사, 통도사 등 여러 선원에서 10여년 동안 안거
· 통도사, 범어사 강주 역임
· 조계종 종립 은해사 승가대학원장 역임
· 탄허스님의 법맥을 이은 강백
· 화엄경 완역 등 많은 집필과 법회 활동

▶저서와 역서
『금강경 강의』,『보현행원품 강의』,『화엄경』,『예불문과 반야심경』,『반야심경 사경』 외 다수.

수보살계법서

초판 발행일 · 2012년 4월 5일
초판 펴낸날 · 2012년 4월 10일
편 저 · 무비스님
펴낸이 · 이규인
편 집 · 천종근
펴낸곳 · 도서출판 窓
등록번호 · 제15-454호
등록일자 · 2004년 3월 25일

주소 · 서울특별시 마포구 합정동 388-28번지 합정빌딩 3층
전화 · 322-2686, 2687 / 팩시밀리 · 326-3218
e-mail · changbook1@hanmail.net
홈페이지 · http://www.changbook.co.kr

ISBN 89-7453-200-0 03220

정가 5,500원

*파손된 책은 구입하신 서점이나 《도서출판 窓》에서 바꾸어 드립니다.
☞ 염화실 (http://cafe.daum.net/yumhwasil)에서 무비스님의 강의를 들으실 수 있습니다.